自序

간절함
재채기
사랑하는 마음
도저히 숨길 수 없는 세 가지에
글마당을 접을 수 없어 세상의 눈을 바라다본다
눈동자의 광선에 겸허함을 배우며 펼쳐진 마당을 채우기 위해
깊고 푸른 물결을 휘저어 보기도 하고
손안에 담아도 보며
오늘도 바다로 향한다

갈비뼈에
부는
청초한 바람

갈비뼈에 부는 청초한 바람

초판 1쇄 발행 2024년 5월 15일

지은이 박은선
펴낸이 장길수
펴낸곳 지식과감성#
출판등록 제2012-000081호

교정 이주연
디자인 서혜인
편집 강샛별
검수 김나현, 정윤솔
마케팅 김윤길, 정은혜

주소 서울시 금천구 벚꽃로298 대륭포스트타워6차 1212호
전화 070-4651-3730~4
팩스 070-4325-7006
이메일 ksbookup@naver.com
홈페이지 www.knsbookup.com

ISBN 979-11-392-1864-0(03810)
값 13,000원

- 이 책의 판권은 지은이에게 있습니다.
- 이 책 내용의 전부 또는 일부를 재사용하려면 반드시 지은이의 서면 동의를 받아야 합니다.
- 잘못된 책은 구입하신 곳에서 바꾸어 드립니다.

지식과감성#
홈페이지 바로가기

박은선 지음

갈비뼈에
부는
청초한 바람

목차

자미화 눈물 1부

11월의 바람	10
국화에 대한 소고	12
별리곡	13
붉은 11월	16
비슬산 뭇별	18
소리 없는 어둠에 울다	19
이파리들의 외로움	21
자미화 눈물	22
초야의 기억들	23
태양 노을 가고 지고	25
노을 속에 피는 동백	26
달이 지켜 주는 옥매화	31

매화 첫사랑 2부

꽃잎은 바람 되어   38
달의 여인   40
도공의 아내 2   42
매화 첫사랑   43
바람에 떠는 가을밤   45
바다 바라기 2   46
별리   48
섬 바람   49
숨 1   51
숨 2   52
시인과 그대   53
아! 동백   55
그녀의 입맞춤   57
하이얀 옥매 꽃잎이 수북하다   63

화홍의 비명 3부

37일간의 삶	70
구의 색채	71
사랑의 부재	73
상실의 바다	74
서귀포 유감	76
수선화 여인	77
초겨울 밤 몽유	78
춘설	79
화홍의 비명	80
판의 미로	81
해오라비 사랑	87

석양의 머리칼 4부

가을 그쯤이면　92
겨울의 핵　94
계관초　96
다이내믹 인생　98
새악시 미소　99
석양의 머리칼　101
신사임이 고하노니　104
원초의 빛　106
유년을 잊은 그대　107
인생　109
종달리 오리들　110
태평천하　112
홍시　113
황홀히 피어오르는 꿈　114
서쪽으로 가는 고요　115
옥상으로 올라간 일요일 오후　119
약속　124

갈비뼈에 부는 청초한 바람 5부

갈비뼈에 부는 청초한 바람   132
심장의 거리   134
경식의 書   137

1부

자미화 눈물

11월의 바람

가을의 전설은 어김도 없이
뜨거웠던 긴 여름의 노고를 위로하며
짙푸른 하늘과 황금 들녘에
색바람 불며 다가옵니다

11월은
회귀할 수 없는 길에 들어선 당신이
몹시도 그리운 달입니다
11월은
죽고 싶도록
몸부림치는 슬픈 달입니다

고도의 섬에 갇혀
슬픔과 그리움으로 헤매이던 날들의
위로와 격려를 짐대에 올려놓으며
바삭하게 말라 향기 잃은 꽃다발을
이제야 달 항아리에 꽂고 기도하는 날들

잡을 수 없이 흘러가는 길 위에서
지고지순한 농부 아낙의 마음이 되어
웃음 짓는 바다 닮은 가을 하늘이
문장을 틔우며 소슬바람 잠재웁니다

국화에 대한 소고

아스라이 서리 내린 지난밤
사립문 국화 한 송이
가신 임 불러와
가을을 익히고 있누나

새하얀 국화 닮은 무명 앞치마에
어머니 사랑 한 잎 한 잎 모아
어린 시절 키운 우아한 향기

해 노을 때면 노루목에 올라
국화 한 송이 놓아두고
뒤돌아선 걸음걸음마다
국화 꽃잎 하나하나 내려 주고

행여
달빛 아래 걸어오실 때
꽃잎 따라오시라고

별리곡

나의 하늘과 당신의 땅에 별이 집니다
늦가을 짙은 바다색 밤하늘에
한 줄기 섬광만을 그리고는
짧은 인사할 채비도 없이 바쁜 듯 그리 집니다

별은 먼 우주의 이야기인 듯 들려주었죠
세상 모든 사람들이 갖는 소원의 수보다 많은
빛나는 별들 중에 하나는 나의 것으로 여긴다 해도
큰 욕심이 아니라는 믿음을

별 하나를 소중히 여긴 그는 나의 별이 되고
나는 또 누군가의 별이 되어
이름 모를 사람에게 아름다운 빛이 되라고
별들은 저리 눈부시게 반짝일까요
별을 보내고 별을 그리며 흐르는 눈물의 명멸일까요

새로 세운 비석은 반짝이고
청청한 푸른 솔만이 스삭대는데
별에게, 나의 별에게
이젠 소리 없이 흐르는 눈물 말고는 드릴 게 없어
한참을 주저앉아 별이 사라진 먼 하늘만 바라봅니다

아아
하늘이여
빛바랜 잔디 위에 내 눈물 뿌리오니
밤이 내리면 나의 별 살며시 떠올라
별 따라 가는 나의 길 굽어보게 하소서!

붉은 11월

휘감긴 넝쿨 색 저물고
바다를 버린 날
혈관의 이별에
눈물비 슬피 내립니다

투둑 뛰는 가슴에 피어오른 사랑과
훅 마주친 고뇌스러운 당황함은
교차점 없는 평행선

당신이 그토록 좋아하던 장미도
태양에 바스라지고
코스모스 떨리는 바람에
가냘픈 미소로 날리우고 맙니다

하이얀 가슴에 짙게 물든 젖 내음
미망의 아련함에 사로잡혀
아직도 곁에 있는 듯 보내지 못한 채
혈로를 닫아 버린 11월

어머니!

당신의 혈관 속에서
여전히 유영하는 심장은
가리어진 계절에 파닥입니다

비슬산 뭇별

빗소리에 놀란 뭇별들
한순간 야초 위로 떨어진다

홀로 고개 숙인 이파리의 자성
밤이 새도록 혼돈을 위로하고
이슬방울의 조마대는 두근거림
가파르게 매달린 떨림이 가슴에 저민다

속살 꺼내 빛을 발한 불덩이
오늘도 야초 위에 넘실대고
빗줄기 날뛰는 혼돈마저도 사랑하게 된 들판 위

햇살 머금은 성숙의 꽃들이
바람에 떠밀려
복수초 오르고
너도바람꽃 피어나고
때 이른 참나물꽃 말없이 꽃창포 곁에 머물고

뭇별들 고요히 하늘로 하늘로

소리 없는 어둠에 울다

꽃이 피면 작은 새 날아오죠
그대와 사랑의 순간은
영원과도 바꿀 수 없어요

꽃이 지면 어미 새 날아 울죠
눈빛 마주한 순간의 사랑은
영원할 수 없을까요

꽃잎 뿌리고 간 그대에게
하얀 밤 나의 달 드리지요
열두 폭 무명천 펼친 달에게
그대와의 아름다운 밤 전하고요

다시 한번 생각해 봐요
그대와의 순간
그대와의 영원

그대 떠나면
들리지 않는 어둠뿐이죠
그대 없으면
소리 없는 심연 속 어둠뿐이죠

이파리들의 외로움

화단을 뒤흔든 빗줄기 튀어 오르고
느리게 기어가는 구름들
산 중턱에 가득하누나

형형한 꽃잎들 탐할까 보아
하양도 검정도 아닌 것이
하늘 입술 아래 길게 드리우고

따 온 꽃잎 물들이고
바다 깊은 곳에 풀어놓으면
느리게 간 구름들
해맑은 햇살로 다시 태동을 하네

꽃잎 향한 그리움에
이파리 외로운 줄 모른 채
가슴에 매달려 파르르 떨고 있나

자미화 눈물

자미화에 물든 당신의 모습
저문 가슴에 스며들고
알래스카 해빙에 하루해 넘어가네

달콤한 풍경 소리
아무 일 없는 듯 소리쳐 나부끼고
태양 중독에 빠진 여름 정신없이 언덕을 넘어
낮과 밤이 스치우면
바람에 오른 발걸음 숨어 오시네

믿지 못할 운명의 사랑 앞에
절벽과 힘 겨누는 파도와 세찬 비
머리카락 바람에 말린 수줍은 내 사랑
밤과 낮이 바뀌면
풍경 소리에 발걸음 숨어 오시네

다음 날도 그다음 날에도
자미화 꽃잎 서러웁게 떠나고 없는 날
알래스카 얼음판도 겹겹이 옷을 입네

초야의 기억들

총천연색 등이 켜지면
서쪽으로 보낸 그리움 타고
동쪽으로 향한 설레임 실어 봅니다

나뭇잎 풍성한 계절에 울어 대는 매미도
빛의 위대함을 아는지
삶의 굴곡을 발견하기도 전에
재빨리 다음 마디로 목청껏 올리는군요

새벽의 색깔이 엷어지고
문명의 색들이 튀어나와
가장 화려할 빛을 쫓는 시간에
속삭이는 숨을 쉬며 매달려 봅니다

바람과 대화를 나누어 볼 수 있는 오늘
스며든 빛에 허기를 채울 수 있는 오늘
이슬 맺힌 길가의 꽃들이 영롱히 핀 날에
설레임 안고 당신에게 가까이 가고 있습니다

당신과 나의 여름날
황금밭에 심은 소중한 초야의 기억들
음지를 찾아 양지를 지향하는 성장의 계절에
희망을 응원하는 매미 소리 우렁찹니다

태양 노을 가고 지고

나뭇잎 내려앉는 소리는
솜털 살랑대는 속삭임
촉수와 빛의 동행으로
그 우아한 가벼움을 가늠한다

백 일을 채우지 못한 애달픈 기다림
폭염에 녹아나고
자미화 잎 흔들리는 소리 오면
아픈 살점 아랑곳없이
피고 지는 송송한 꽃 무리

결코 배반을 모르는 청초함
오늘의 생은 태양에 지고
곁에 있는 심 깊은 노을
해죽이 웃으며 저물어질 때
이유 없이 하늘을 향하는 경외감
살 떨린 눈시울에 소름 외친다

노을 속에 피는 동백

　선운사의 동백이 불그레한 노을에 누워 있다.

　삼십여 년 전의 동백을 떠올리며 고창으로 향한다.
　고속 도로 진입로의 개나리는 어느새 반은 노랗고 반은 초록 잎을 뽐내며 고속 도로 맞은편 벚꽃 잎은 살랑대는 바람에 가벼이 흩날리고 있다.
　보름쯤 지나면 아카시아 향이 코끝을 자극하리라는 상상을 하다 보니 선운사 주차장이 코앞이다.
　일주문을 지나 경내에 들어서고 다섯 단의 경사 높은 돌계단을 올라 풍경 따라 코너를 돌다 보면 동백이 지천이다.
　아! 동백.
　붉은 꽃이 번들거리는 초록 잎에 고집스럽게 피어 있다.
　타원형의 잎은 오후 네 시경의 빛을 받아 더욱 반짝이고 숨 쉬는 심장인 양 동백꽃 핀 곳에 여기저기서 봉오리가 튀어나오려 한다.

결혼 35주년을 맞아 제주도로 방문한 일이 있다. 그 해 겨울은 유난히도 눈이 많이 내렸고 1월의 매서운 한파는 제주도도 예외가 아니어서 하늘길이 막힌 일이 있었다. 할 수 없이 연장된 제주 여행에서 동백군락지를 찾아가 보기로 하였다.

동백마을 위미리는 초입부터 백설 위에 내린 붉은 꽃잎들이 마치 견우와 직녀가 만나기라도 하듯 그렇게 조화로울 수 없었다.

순백에 내린 동백이 뛰는 심장을 더욱 두근거리게 하는 추억이다.

11월부터 피기 시작하는 제주의 동백은 다음 해 2월까지 붉은빛을 안겨 준다. 제주도의 신흥리 마을과 위미리 마을은 동백꽃 명소로 유명하다.

제주도 민어로 나무는 '낭'이라 부르며 동백은 '동박'이라 하여 거리를 걷다 보면 '동박낭'이라는 이름들이 자주 눈에 띈다. 지금의 제주는 타 도민뿐만 아니라 외국인 관광객들에게도 입소문이 나 있는 국제 관광단지이다.

그 밖에 우리가 좋아하는 동백은 거제에서도 볼 수 있으며, 장승포항에서 출발하는 배를 타고 장사도나 지심도에 내리면 동백숲 사잇길로 은은한 꽃 향을 맡으며 산책할 수도 있다. 나는 개인적 소견으로 장사도보다는 지심도의 동백을 더 좋아한다.

제주에서 시작하는 동백꽃의 유혹은 부산으로 향하고, 한려해상을 물들이며, 거제로 개화해 4월에는 전라북도 고창 선운사 동백군락지에서 붉은 꽃을 만나게 한다.

고창에 이르러서는 동백이라 부르기보다 계절상 춘백이라는 이름이 어울릴 수도 있지만 우리는 필 때도 곱게 오시고 질 때도 곱게 가시는 동백이라 부른다.

고창 선운사의 동백은 절 입구부터 보이기 시작한다. 절 뒤쪽으로는 500~600년 이상 된 동백의 군락지로 5월까지 눈물처럼 뚝 떨어져 땅에 지고, 노을이 덮여 주는 그 우아한 자태를 만나 볼 수 있다.

돌계단에 앉아 스쳐 지나가는 길 위의 사람들을 보며 지난날의 시간도 회상하다 보니 경내로 스며드는 노을이 그림자처럼 다가온다.

앞산의 평온한 산자락도 우리네 미소 같다.

동백꽃 붉게 물들어 오는 계절이면 저마다의 포즈를 취하며 사진을 찍으려는 상춘객들 속에서 우린 살포시 손을 꼬옥 잡아 본다.

연분홍 신혼 시절의 말간 청춘을 떠올려 본다.

계절의 꽃들이 아침 해를 받아 양분을 받고 저녁노을에 살며시 고개 숙이며 뒤돌아볼 수 있는 자숙의 시간을 안겨 준다.

황혼에 마주친 노부부의 주름진 미소가 새롭다.

2023년 4월 3일

달이 지켜 주는 옥매화

옥매꽃 잎이 살그머니 내려앉습니다.

싸리꽃에 이어 피어오른 백옥의 수줍은 자태가 지난해 이맘때처럼 올봄에도 유리 테이블 위 화병에 자리합니다. 화단이 있는 어릴 적 주택엔 매실이 열리던 커다란 매화나무가 있어서 어머니께서는 매실청을 담가 주시곤 하였지요. 봄을 알리는 꽃으로 오는 매화는 고결, 인내 그리고 맑은 마음의 꽃말이 참으로 잘 어울립니다. 6~7월이 되면 튼실하게 열린 초록의 열매를 수확하여 일 년 내내 배앓이를 할 때나 속이 더부룩할 때면 매화꽃 피부를 닮은 어머니께선 저에게 마시라고 건네주시곤 하였지요.

내가 사는 아파트엔 묘목 심기를 실패한 적도 있어 이즈음엔 친구 화단에서 꺾어 온 옥매화 가지를 화병에 두곤 합니다. 앙증맞으리만치 자그마한 겹겹의 꽃잎들은 저의 바사삭 발걸음에도 놀라 매달려 있지 못

합니다. 살금살금 정갈한 꽃잎들이 놀랄까 보아 유리 창문도 조심스레 엽니다. 깊은 밤이 찾아오면 난 잠이 들고 높은 곳의 달님은 달님 곁에 계신 어머님과 함께 '옥매야 자장자장, 잠을 잘 자야 꽃도 잘 피지.' 하며 어둠이 무섭지 않도록 토닥토닥 재워 줍니다.

내 앞의 옥매는 어릴 시절 우리 집 앞마당의 매화와는 조금 다릅니다. 키도 자그마하고 겹겹의 하얀 꽃잎들이 부풀어 터지듯 꽃망울 틔워 나오려 합니다. 열매를 맺지 않는 옥매화가 만개할 때면 하얀 눈송이들이 온 하늘을 덮는 듯하고 팝콘이 끝없이 튀겨 나오듯 환상적인 백옥의 세상이 되어 버립니다. 티 하나 없는 꽃잎들이 너무나 깨끗하여 거실 라디오 음악 방송의 선율이 이 봄에 더 감미롭게 들려옵니다.

　가녀린 가지에 고결하게 매달려 있는 꽃송이의 자태와 눈이 마주칠 때면, 쉽게 결정짓지 못할 고민에 현답을 내리라고 사심 없는 격려를 하며 나의 마음을 정화시켜 줍니다. 우리가 낙관을 찍듯 결정지어야 하는 때때로의 일들에 우문현답을 할 수 있다면 실수는 적어지고 버려야 하는 영악한 마음들도 시냇물에 흘러가 선과 악 모든 것을 포용하는 바다로 향하지 않을까 합니다.
　우리는 더불어 사는 사회 속에서 가끔 조급함인지 불신인지 모른 채 누군가에게 실수를 범하기도 합니다. 초면의 만남에서 외모나 소문만으로 마음속에 이미 내린 성급한 평가에 나와의 관계 형성이 어디까지인가를 결정하는 과오를 범하기도 하며, 세상에 만연된 힘에 나도 모르게 떠밀려 오지 않았나를 생각하게 됩니다.

오늘도 다음 달의 메모장을 펼쳐 보며 가능할 것과 상황을 보아 결정해도 될 것 같은 일정들을 정리하는 두뇌와 손끝에 놀라며 '아차' 합니다. 메모하는 순간들에 내게 욕심이 있었다는 사실을 깨닫고, 이름과 종사하는 직업만으로 대면도 없는 사람에 대한 평가를 나름대로 내린 짧은 결정들에 다시 한번 소중한 이름들을 메모해 봅니다. 다음에 만나게 되면 이름만 기억하여 맑은 마음의 꽃말을 가진 매화처럼 나의 기억에 상대방을 천천히 채워 가야겠습니다.

면면이 채워 나가야 할 새로운 날들에 생각을 키워 갑니다. 변함없이 봄날은 오고 변함없이 하루하루가 더해지는 삶의 날입니다.

옥매는 지난해에 피고 지고, 올봄에 또 온 매화가 여전히 고결합니다.

2부

매화 첫사랑

꽃잎은 바람 되어

하이얀 꽃 잎새달에 오시옵고
붉은 왕관 푸른달에 자리 잡고
누리달 마지막 날에 오신 초록 물결
샛노란 열정 견우직녀달 내내 품어 내시고
타오름달 세월 가는 소리에
아슬히 달려 있는 꽃잎이옵니다

순결한 딸기꽃
권좌의 품위를 지킨 군자란
가시를 탄생시킨 인내의 장미여
노오란 눈물 받아
빠알간 열매 또다시 맺을까요

하이얀 눈물 멈출 줄 모르고
어찌하지 못할 가지치기에 동절을 준비합니다

슬픈 이별 뒤에 오는
당신은 살리려 하는 칼을 쥐었고
하이얀 눈물 위에 피는
전 버려야 하는 흩어진 바람이외다

달의 여인

들리나요
심장에 박힌 바위 떨어지는 소리
달이 떠야만 숨 쉬고
달이 흘러가야 계절을 보낼 수 있는
한 여인을 당신은 기억하시나요

마주 바라볼 수 없어도
가슴에 안길 수 없어도
나는 당신의 미소를 바라보고
당신은 나의 눈물을 지켜봅니다

봄꽃 흐드러지는 날이면
손에 담은 꽃잎 당신에게 보여 주고
오색 단풍 살랑대면 당신에게 날리웁니다
추운 겨울 차가운 손 그리운 나의 달이 녹여 주고
삼복더위엔 나의 하얀 달이 바람을 보내 줍니다

기억하시나요
당신의 가슴에 꼭 안기고픈 하얀 달
당신을 보아야만
숨을 쉬는 한 여인입니다

도공의 아내 2

신념의 가두리에서
혼을 깨우는 산통과
육을 잠재우는 속임수가
석화의 흔적 위로 꿈틀대고
반딧불이 날아와 옥색 도포 위에 개화한다

원앙새 샛노란 문 넘어 배꽃 피우고 복사꽃 두르면
부지런한 너는
금사 위에서 너울대고
느리게 오는 나는
간지럽히는 해풍의 바당에서 손사래 친다

태토의 그 숱한 평범함을 깨뜨리고
화염을 감내한 거믄 것이 흰빛인가 옥빛이련가
가슴에 품는 단 하나의 달 항아리

덩더리 덩더쿵
덩더쿵 덩더쿵

매화 첫사랑

올봄 처음 하는 사랑이
심지 곧은 청매에 번지고
놀 서쪽을 넘나들면
두견화 수줍게 달아오르네

청매 옥매 새하얗게 나누는 속삭임
바람도 시샘하는 망울 터뜨리는 분향
꽃잎 흩날리며 슬픔을 위로하고
춤사위하는 여린 가지 내 눈물 닦아 주누나

그림자도 무서운 새까만 밤이 오면
꽃잎 따라 나비잠 자고
정화수 신선함에 놀란 아침이면
새하얀 속삭임 하는 청매야 옥매야

돌 하나와 새 두 마리의 포식자
매화홀 도자에 흐르고
두견화 지짐에 바쁜 쌍젓가락
너희 사랑 소리에 두견화 애닯다

봄꽃 지켜보다
가만히 바라다보다
수줍게 그리워해 보다
맘속에 어느새 온 봄

올봄 처음 하는 첫사랑

바람에 떠는 가을밤

심장을 겨누며
회오리치는 솜털 너머

떨리는 어둑한 대지의 공명
낮게 깔린 숨소리 먼지에 올리고

땅을 훑은 새벽바람에
흔들리며 떠밀린 푸른 밤들

바스락거리는 붉은 언어 속으로
아련히 스며든다

바다 바라기 2

끝내 신발을 벗을 수밖에 없었다

수억만 개의 모래 알갱이
수많은 생각 속에 사는 사람들
발가락들은 자연과 교감하며
시작도 끝도 없는 생각에 점령당한다

수억만 개의 모래 알갱이가
끊임없이 바다에 씻기우고
문명의 야만에 느낀 분노는
거침없는 포말로 벌거숭이가 된다

어쩌다 발에 걸린 몽글한 돌멩이
무심코 바라보다 시간의 저편을 읽으면
짙푸른 곳 깊숙한 곳의 속삭임은
자연이 함께 가야 한다고 하는 소리

바다에 와서 통곡하고 싶은 마음
어머니의 젖과 같은 햇살 머금은 생각들
글썽이는 몸과 마음을 바다가 안아 준다

나의 그리움은 야위어 가고
바다의 속삭임에 겸허해지며
노을 속 수채화 한 폭 메타포의 의미는

별리

너와 내가 공유하는 물방울에서
환영을 보았지
그 속에서 너울대는 수많은 구름과
일렁이는 거센 파도 중심에 있는 당신

그토록 보고 싶은 너의 눈빛
두 눈 모두 타 버릴 것 같은 화력
숨소리마저 잃어 가고 있을 때
당신을 보았어

빅뱅 속에서 유체 이탈 되어
구체와 구체의 회오리에 휘말려
중력을 잃어버린 당신과 나

하늘로 가 버린 블랙
바다로 빠져 버린 홀

섬 바람

가시가 없어 보들한 눈 아래 볼과 닮았나
품에 든 숨은 심장이 볼 아래 입술이련가
스쳐 가는 바람에 입술은 더 붉어지고
젖가슴 닮은 섬의 양 볼이 노을빛에 달아오른다

붉은 꽃잎 바람에 행여 달아날까
품고 싶은 마음에 서둘러 사라질까
서두르는 모양새 먼 길 떠나보내는 이별이련가
발소리마저 숨죽여 얼음이 되누나

삶의 소리 소근 들려주는 바다에
옹골지게 푸릇한 기운 떠받아
입술도 양 볼도 붉게 타올라
왕좌에 오른 여왕이 이 섬에 있었구나

품고 싶은 이내 마음 뒷모습도 없이
피어오르는 물안개에
오롯이 수줍게 파고드는 동백
바람 불고 파도 출렁이는 이 섬에 있었구나

숨 1

터질 듯한 태양이
그 뜨거움도 모자라
심장을 뚫고 들어와 불태운다
타닥 타는 갈비뼈의 부딪힘
솜털 눕히고 목젖 건너와
네게로 가는 강렬한 희열

숨 2

기다려…

나도 갈게…

달에 가까이 가고 있어

바다를 덮은 은하수 길에

시인과 그대

시인은 그대를 당신이라 부릅니다
그대는 당신을 시인이라 부르죠

깊이를 알 수 없는 우물에서 퍼 올린
시어 한 모금에서도
혼탁한 감성은 정화되어
겨울 제주의 해안 도로를 달립니다

그대는 당신을 시인이라 부르고
시인은 그대를 당신이라 부릅니다

바다 위를 맴돌던 백설이
오름 정상에서 손짓하는군요
숨찬 겨울 등반길
한 집, 두 집, 세 집 넘어 산등성이 돌아서니
온 천하에 피워 올린 경이로운 눈꽃

소주 반병에 맥주 한 캔 받아 들고
아이처럼 웃는 당신이라는 주신은
받지 못한 시어의 달란트를 갈망하고

그러함에도 저러함에도
시인과 그대는
둘만이 보는 거울처럼
마주 보며 웃고 있습니다

아! 동백

그리운 임 보고파
서리도 맞기 전에 돋아난 꽃봉오리
미로의 길에 들어선 빛 따라
백지 위에 내려왔구나
곱기도 고와라

서둘러 가겠노라던 약속
해걸이 턱에 닿기도 전
미로의 빛 따라 발길 얹고
진분홍 꽃 하늘 길에 뿌려 놓아
눈부시게 꽃길이네

온 천지 붉게 물들어
어느 추억을 기억하려나
하늘 길로 오시는 발걸음
걸음걸음마다 꽃잎 흔들리네

일 년 내내 갈망하던 너의 모습
푸른 바다 핑크빛 되어
두근대는 가슴속으로 전해 오누나
곱기도 고와라

그녀의 입맞춤

 곧 다가올 안착의 바다에 비가 내릴 듯하다.
 착륙 직전의 간헐적 떨림음으로 인하여 흩어지는 회색 도시의 소소한 일상들이 생각의 틀을 벗어나 와르르 무너진다. 기억이 와해된 단편의 조각들 사이로 뾰족이 튀어나온 바닷빛 투혼!
 어디론가 떠나야만 정제된 삶에 활력을 되찾겠다. 잠시 미뤄 둔 삶의 경로에 여행을 택한다. 제주라는 이름 하나만으로도 설레임을 주는 하루에 오름에서 발현된 천연색 풀빛 향이 옥빛 바다를 부른다.
 꿈결처럼 너울거리는 몽롱한 풍광들이 현실 앞에 서 본다. 다채로운 제주의 바다가 주는 빛의 선물, 우쿨렐레 현에서 뿜어지는 경쾌한 빠르기에 찰싹이는 파도가 너울댄다.

 작은 배낭에 우쿨렐레를 왼쪽 어깨에 걸치고 비행기 탑승을 하며 이미 알아본 비 소식에 개의치 않은 채 자연과 살을 부비리라 기대에 부푼다. 자연은 그녀의 기대감을 실망시킨 적이 없다. 늘 바람이 불면 함께 흔들려 보고 비가 내리면 빗방울이 닿는 지면을 바라보며 따뜻한 아메리카노 한잔으로 잠시 쉬어 간다. 기류로 인한 연착 시간이 30여 분이나 지나 제주공항에 도착하니 핸드폰 상단 안내 문구가 정신없이 울리고 '카톡 카톡' 한다. 그래도 즐겁다.

어제의 비바람으로 붉은오름 휴양림의 땅은 더욱 붉은색이 되고 통나무집을 호위하듯 둘러싼 나무들의 초록이 하늘을 향한 신선함으로 새벽을 깨운다. 조금은 질퍽한 붉은오름 산책길은 그녀의 우쿨렐레를 춤추게 하고 밤새 비를 머금은 사려니숲길에게도 따스한 리듬의 온기를 전하니 잠시 멈춘 빗길에 스르~륵 스윽슥 가지 털기를 한다.

10년 전 6월의 그날처럼.

6월 18일

한 달여 입원 생활을 마치고 의심되는 다른 부위의 조직 검사 결과를 보기 위해 혼자서 내원한 내게 보호자 동반을 물어 올 때부터, 아니 보름 전 퇴원 길에 일주일 후 결과가 나온다고 할 때부터 예견한 일인지도 모르겠다. 난 모처럼 치료 없는 결과만을 듣기 위해 혼자만의 병원 길을 택했다. 종합 병원 벤치에 앉아 친구에게 전화를 건다. 조금 전 외과 선생님의 말씀이 허공에 떠다닌다. 친구는 이유를 묻지 않는다. 시간도 묻지 않는다. '그래, 좋아. 내일 공항에서 만나자.'

 의사의 오진일지도 모른다는 생각은 들지 않는다. 회색 도시에서 이만큼 살아왔으면 내게도 불필요한 공기가 들어왔거니 어떤 병이라도 오리라는 예상은 하고 지냈기에 놀랍지 않다. 다만 수술을 해 봐야 암의 분포를 알 수 있다는 의사의 말이 거슬린다. 매연 없는 바다가 보고 싶다.

6월 19일

 다음 날 비양도는 그녀들의 방문을 허락하지 않았다. 어제는 화창하던 날이 온통 먹구름이다. 출근하는 사람들 틈에 김포에 도착하여 이른 비행을 한다. 재빠르게 렌터카를 찾아 한림항으로 향한다. 닻을 내린 한

림항의 배들이 바다 위로 가고 싶은 마음을 알기라도 하듯 요동치는 파도에 의지해 빠르게 흔들거리며 바다의 장엄함을 보여 준다. '빗장 걸은 비양도가 무엇을 남겨 주려 하나….' 혹시나 하는 기대에 어느새 부두에선 우리의 꼭 쥔 우산살 사이로 빗방울이 다가온다.

'그래. 맘껏 자연과 살을 부비라.'라는 무언의 메시지가 바람을 탄 빗방울 소리로 전해 온다.

6월 20일

바람에 렌터카가 쓰러질까? 아니면 나와 내 친구들 감성의 무게가 더 무거울까? 심심찮은 내기 하며 해변 도로를 질주한다. 바다, 비, 바람, 제주 내음, 살아 있음의 호흡 소리~ 보너스 같은 행운을 만난다. 역시 난 행복녀임에 틀림없으니 동승자까지도 당연히 행복할 수밖에!

당근케이크와 즐기는 따뜻한 커피. 호흡 한번 내쉬고 수월봉을 거쳐 김대건 순례자의 길로 나선다. 촉촉한 길은 하늘에서 선사하는 비님과 접신하듯 더욱 여유롭다. 미술관 내의 유명 작품과 비교할 수 없는 이 순간의 값진 자연 경관에 우리는 미친 듯 콩닥콩닥하는 가슴을 부여잡는다. 어느 곳에 가도, 어느 시간에도 우리에게 자연은 변함없이 선물을 안겨 준다. 어린 시절 막대 사탕이 꼭 들어간 한 아름의 종합 선물 세트처럼 포만감 가득하게 행복하다. 마냥 좋아한다.

그녀는 한 폭의 수채화 같은 저 멀리 비양도에게… 입맞춤한다. 김포로 가는 하늘 위에서.

다시 오마!

행복의 바다, 행복의 하늘 그리고 아름다운 맘 빛에 다 담지도 못하고 떠나는 제주의 풍광은 늘 그리움과 아쉬움의 바다에 쪽빛으로 남는다. 이륙 직전에 떠오른 하얀 웃음기 뒤로 숨어 버린 삼 일간의 인생 항로.

6월 21일

수술대에 누웠다.

삶의 궤적에서 이탈된 날에 모두 잊어버리려 한다.

회색 도시에 붙들린 병마라는 몸의 영역에서.

여전히 바다를 바라본다.

암 환우가 흔한 시대에 우린 걷고 있다. 병마라는 호

칭은 자연에게 길을 내주어 병명이 친구가 된 세상이다. 또 다른 하루를 시작하기 전 누군가가 "우쿨렐레" 하고 기쁨의 미소로 다가올 것 같다.

하이얀 옥매 꽃잎이 수북하다

 4월의 거리는 색색의 꽃잎들이 바람의 날개를 달고 자유로운 비행을 한다. 더불어 상춘객들은 겨우내 기다림의 보상을 받기라도 하는 듯 환호하며 봄기운을 넘치도록 취한다. 산사의 꽃들도 춤을 추고 먼지 날리던 오솔길도 촉촉하여 발걸음을 가볍게 해 준다. 추운 겨울이 가고 봄이 완연하다. 느리게만 가던 앙상한 가지들도 빠른 물살처럼 멈출 줄 모르게 새순을 틔우고 꽃을 피우며 부푼 마음을 흔들고 있다.

 베란다 테이블 위, 화병에 꽂아 둔 백옥들이 스며든 햇빛만으로 개화하여 나의 숨소리만 듣고도 바스스 떨고 있다. 유리 테이블에 소복한 하이얀 꽃잎들을 보고 있자니 지척의 공원도, 산사의 오솔길도 부럽지 않다. 전화벨이 울린다. 옥매꽃이 또 바사삭 떤다.

 'OOOO 윤유식'
 경찰대학을 졸업하고 경찰이 되었다. 50대에 어울리는 계급장을 어깨에 달고 왼쪽 가슴엔 이름표를 붙이고 조석으로 경례를 받는다. 때론 가볍게 고개를 숙이며 인사를 대신하기도 하고 때때로 거수경례로 상대방과 마주하기도 한다. 공무원 신분에 이혼하고 재가를 해서인지 진급은 남보다 빨랐으나 더 이상 진급이 안 되는 이유를 내 나름대로 정리해 보자면 가족사이지 않나 생각이 든다. 난 자식이 다섯이다. 첫 번째 아내에게 세 명을 두었고 두 번째 부인이 데리고 온 아이 하나와 내게서 낳은 아이 한 명. 다섯 명의 자녀에게 아버지로서 책임을 다하려 하지만 집안은 늘 시끄럽다.

난 학창 시절 적십자 활동과 RCY 단체 활동을 했다. 나의 의지보다는 그 시절 회장단과 각급의 반장과 부반장은 의무였기에 한 달에 한 번씩 봉사 활동에 참가했다. 지도 선생님의 인솔로 일주일에 한 번은 도산 안창호 선생의 정신을 이어받은 흥사단 아카데미 서클 활동을 하는 기회가 생겼다. 학교에서 성적 순위 다툼을 하는 친구들이다 보니 독서열도 대단하여 접해 보지 못했던 책들을 공유하며 읽어 보고 독서 토론도 하였고, 결국 문학열에 심취해 시와 편지글 형식의 작품을 쓰며 생각을 키워 갔다. 생각해 보면 한창 사춘기에 해맑은 여학생들과 같이 이야기를 나눌 수 있어서 더욱 열성이었을지도 모르겠다. 난초 같은 여학생을 마음에 두고 말았으니 말이다.

그녀는 잡티 하나 없는 맑은 얼굴에 언제나 교과서보다 무거운 책들을 가지고 다녔고, 읽고 난 후의 소감 발표 때는 봉숭아빛 도는 볼에 살며시 수줍어하면서도 토론에서는 늘 주관적인 본인의 생각을 확실히 표현하였으며 친구들의 의견 발표 때는 신중하게 경청하곤 했다. 어쩌다 눈이 마주칠 때면 나도 모르게 고개를 숙이고 요동치는 가슴이 들킬까 보아 두근두근했다. 사실 그것은 나의 착각이었고 그녀는 나를 본 것이 아니라 빙 둘러앉은 회의실이었기에 마주치곤 했던 것 같다.

어느 날은 방과 후 그녀의 귀갓길을 몰래 따라가 집을 알아 두었다. 일주일에 한 번의 시간이 기다려지던 시절, 난 고등학교 시절 내내 교복을 입은 그녀의 뒷모습만 졸졸 따라다녔다. 골목을 올라 세 번째 집에 사는 그녀네 집 담벼락에서 집 안의 동정을 살피기도 하였고 답변이 돌아올 일이 없음에도 돌을 던져 보기도 하였다. 나의 첫사랑이자 짝사랑이었다. 자연대학에 낙방해 재수하였고 이듬해 다행히도 경찰대학에 들어갔다.

그러나 재수 시절 마음에만 두고 죽자 살자 공부하여 당당히 데이트 신청을 하겠노라 마음먹었건만 일 년이라는 세월에 그녀는 나의 고민을 듣던 일 년 선배 형과 CC가 되어 있었다. 선배에 대한 배신은 나의 순정을 죽여 버렸고 사회인이 되기 위해 악착같이 앞만 내다보는 동기 유발이 되었다. 난 첫 번째 맞선 자리에 나온 여인과 결혼을 하였으나, 애정 없는 결혼 생활은 파경에 이르렀고 남겨진 세 아이들에게 절실히 필요했던 엄마의 자리에 온 두 번째 아내와도 왕왕 의견이 달라 난 지방 근무를 자처하며 30대, 40대를 거쳐 50대에 왔다.

회전의자에 앉은 나는 그녀를 떠올려 본다. "그 선배와는 결혼했을까?" 그녀는 좀처럼 누군가를 사랑하지 않을 것 같았다. 그때, 여고 시절 그녀는 '책 냄새가 좋아 책 속의 이야기처럼 상상만으로 평생을 산다고 해도 좋다.'라고 말하곤 했다. 그녀의 해맑은 얼굴이 내 집무실 벽면의 서가와 오버랩된다. 빗방울이 회색 도시를 맑게 해 주는 매직처럼 그녀만의 세상이 있는 듯한 모습을 생각하노라면 치열하게 살아왔던 이 생활에서 숨을 쉴 것 같다. 그녀를 찾아야겠다.

"미숙이니? 어머, 정말 오랜만이구나."
"계집애, 잘 지냈니? 서울로는 언제 올라간 거니?"
여고 시절 이후 왕래가 없던 미숙에게 전화를 받았다.
"전화번호를 어떻게? 아무튼 너무 반갑다."
"너의 동생이 대학교에서 강의하는 것을 보았지. 동생도 반가워 알려 주더구나. 너 혹시 윤유식 기억나니?"
"누구? 글쎄…."
"네 안부 묻더라고."
말수가 적었던 남학생이 떠올랐다.
그 학생의 기억대로 하얀 꽃잎처럼 날 기억하고 있다면 그대로 두고 싶었다. 기억이 때때로 위안이 되어 숨을 쉴 수 있으니 말이다.

작은 꽃들의 떨림이 그림자를 사라지게 하고 은하수가 되어 버리면 가슴에 손을 얹고 소원의 별들을 찾아 눈동자의 시원함을 느껴 본다. 하얀 해오라비난초 위에 소리 없는 나의 몸이 가벼이 날아가고 있다.

3부

화홍의 비명

37일간의 삶

흰 벽에 추락하는 꼬투리 빛
꽃잎에 예속된 그림자를 드리우고
태양을 맞는 성숙의 시간에
거행되는 낙화 예찬식
자성의 바다에 미색 들어오고
빛바랜 숙연함에
겸손한 활로를 찾아 헤매이는
부활의 시간으로 물든다

노을 다가오는 소리에
마른 치자색 꽃잎 하나 툭
서른일곱 아침 햇살을 맞고
서른일곱 태양에 노닐다가
시리도록 진한 채색으로
놀빛에 날아가는 계절의 여왕
마흔 개 별꽃이 되었다

구의 색채

베란다에
다가갑니다
달은 차올라
회색빛으로 등장하더니
돌연
황금으로 변해 버렸죠
시야엔
같은 이야기가 들어왔는데
구의 색채는
전혀 달랐던 거죠
늦은 밤
아니
좀 더 이른 새벽
밤하늘의 둥근달은
그리
얘기하듯 해요
정체성은 꼿꼿하여

요동침이 없어도
시간은 흐른다고
마음이 속삭입니다

사랑의 부재

간절히 찾아 헤매이다
환희의 덫에 빠져
숨죽이는 소리에도
쿵쾅거리는 잔털의 요동
토할 것 같은 미로의 소용돌이에
예상할 수 없는 길

멍하니 지탱하는 따분한 시간 속에
낭떠러지에 걸린 가슴과
잘못 배달된 메마른 입술
나의 이별은 사랑의 종착역에 멈춰 서고
당신의 돌아섬은 보안 없는 유리 벽

상실의 바다

그리움이 깊어 바다가 되었네
보고픔이 깊어 바다가 되었네

바다의 울음소리 하늘에 올라
바다의 웃음소리 하늘로 올라

그리움 품은 달이 되었네
보고픔 담은 달이 되었네

노랫소리 은빛 파도에 출렁이고
들려오는 소리 금빛 파도에 퍼지누나
바람 소리 모살 물 간질이고
숨비소리 바다를 깨우누나

동백 잎 올린 지픈 맛에
아른거리는 그녀의 얼굴
동백꽃보다 어여쁜 보고픈 내 사랑

그리움이 깊어 바다가 되었네
보고픔이 깊어 바다가 되었네

바다의 울음소리 하늘에 올라
바다의 웃음소리 하늘로 올라

그리움 품은 달이 되었네

서귀포 유감

망각하고
기억하고
사랑하리라
설레임에 붉어진 입술

가끔은
둘이었다가
셋이었다가
그 끝은 외줄인 인생

불현듯
뱃고동 마이크로파에 놀라
현실인 양 착각인 양
두고 온 항구는 다름입니다

같음입니다

수선화 여인
- 너의 주검과 탄생의 소리

별 하나 새해맞이 기쁨을 주고
거믄 곳에 빛을 뿌리며 걸어가고 있네

눈물 길에 한 걸음으로 달려가 보아도
잡을 수 없는 향연에 둘러싸인 적막

꽃이 피어오른 날
시들지 않은 채 분화되어 버린 날이 되고
레드 카펫 걷는 길에 꽃가루 휘날리네

산 넘고 바다 건너
잠들지 않은 새날은 자각몽처럼
심장이 멈춘 것이 사실일까 아닐까

다가가려는 손짓 허공에 머물고
헝클어진 곡소리 지천을 흔드네
아련한 수선화 저 멀리 가네 가네

너의 주검과 탄생의 축하 소리

초겨울 밤 몽유

먼 산 중턱
황홀함에 한나절도 모자라
밤이 가고 아침도 지나가는데
여전히 여전하게도
운해 속에서 꿈을 꾸고 있을까

속 깊은 초록 열매에 복 들어오고
여름날 수고로움의 벼꽃도 피고 지고
담벼락 비스듬히 들깨 단 자리하는 사이
오가는 이 모두 구름 속으로 달려갔나

살얼음 입은 찬 서리 내릴까
벌써부터 밭고랑 내야 할 텐데
까치는 울기만 하고
사람들은 운해에 빠져
오롯이 몽유인가

오늘은 찬란히 빛나던 그때의 달이 걸리울까!

춘설

꽃대궐에 바람 부니
꽃잎 젖어 물든 가슴
숫처녀마냥 두근대네
아
이뻐라
홍조 띤 얼굴에 파르르 떠는 철쭉 잎
임 오시는 발자국에 사그락사그락
아 부끄러워라
내밀한 이야기
흰 설에 들켜 버리겠네

화홍의 비명

종종 편견이 부른 우매함은
바람이 그린 화신조차
하늘로 날리우고 만다

빛이 사그라든 달그림자에
그 가녀린 빛에서도 멈춤 없는 달팽이관

부르짖는 여명에 떠는 꽃의 진동

뿌리내린 빈 벽에
사근거리는 화홍의 탄생

세포 하나하나 전율이 솟고
늘어진 잔가지 소름 돋는다

단검처럼 내린 빛에
찔린 허
경이로운 비명이 바람에 오른다

판의 미로

  모데라토의 시작은 연착된 비행으로 서서히 빨라지는 심장 소리와 더불어 불안함도 빨라진다.
  10D 좌석 벨트 사인이 꺼지자마자 숨을 몰아쉬고 바람처럼 열 개의 좌석열을 지나 알레그로에서 프레스토 걸음으로 5구역을 찾았건만, 1분!
  1분 차이로 눈앞에서 엔진 소리를 내며 렌터카의 친절한 버스가 점차 멀어져 간다. 제주도에서의 렌터카 이용은 주차장에서 버스로 미리 계약한 렌터카 영업소로 데려다주고 그곳에서 신분을 확인한 후 계약한 차량을 인수받는다.

  30분의 간격에 공항 주차장에서는 기다림 아니고는 의미 있는 시간은 없다.
  어린 시절 종종 하던 얼음땡 놀이를 하듯 정지된 멈춤이다.
  그제야 오전 내내 공백으로 배고픔이 물밀듯이 밀려오며 한 방울씩 내리는 빗방울에 번뜩인다.

'아! 옥빛 도포 풀어 놓은 내 바다에 손을 담가야 하는데….'

'아냐, 지금 내리는 방울은 반가워 눈시울에 고인 눈물이구나!'

섬 반 바퀴 돌아가면 반드시 비구름은 사라질 거라며 불안함을 스스로 달래니, 모르는 척 애써 속내음이 긴장감을 감춘다.

그렇게 시작된 두 번째 출발은 허기진 배를 채워 주지 않았다.

1분의 한탄이 되돌아온 듯 찾아간 첫 집은 코로나 탓인지 알 수 없으나 이미 오래전에 닫은 듯 문이 열리지 않았으며 두 번째 식당은 주차가 곤란하여 통과했다.

슬슬 오기가 발동한다. 포기보다는 일단 두 번째 행선지로 가 보기로 한다.

밥집은 저녁으로 미루고 카페에 들어서니 비 내리는 늦은 오후라 그런지 빈자리가 드물어 눈동자를 재빠르게 굴려 본다. 눈동자의 중심은 빗방울 크기가 되었을까 가늠하며 가쁜 숨을 진정시킬 커피를 기다려 본다.

여느 때처럼 사람을 대신한 진동벨을 받고 점점 돌색을 닮아 가는 바다를 바라본다. 눈물을 닮은 빗방울이 낙하한 물색은 본연의 색이 어떤 것인지 알고 있느냐고 물어 온다. 응시한 시선은 표류하는 난파선이 되고 눈동자와 눈물과 빗방울이 하나로 되었을 때 물색은 무슨 색이었을까 상상도 해 보며, 하늘이 주는 생명수로 포식자가 된 배부른 차창 밖 바다를 넘쳐 나도록 두고 살갗에 닿을 물방울을 찾아 나선다.

 얼마간의 시간을 잃어버린 나는 오히려 조심스럽게 여유가 있는데 아이 셋만 두고 나온 아낙인지, 가스 불을 켜 두고 나온 솔로인지, 결제 서류를 마감하지 못한 바이어인지 바쁜 듯 마주 오는 차량들이 전면 유리창을 폭탄처럼 때린다. 번개가 번쩍이고 뇌우가 순간적으로 쳐도 뚫고 나가 임무를 완수한다는 듯 비보다 결단코 강하지 않은 나의 차량이 허세를 떤다. 쉬지 않고 움직인 와이퍼도 몸부림치며 요동한다.

 온몸의 감각을 총동원하여 저지마을 입구에 들어서 오늘의 목적지인 제주시 김창열미술관을 찾았다.

저지예술 김창열미술관 물방울 전시의 마지막 날에 찾아온 것이다.

바다를 품은 바다의 물방울 전시회에서 빗방울을 만났고, 보이지 않은 물방울 사이에 여전히 목마른 판의 미로에 있는 오필리아가 음영으로 다가오고 있다.

이번엔 어둠으로 돌색이 되어 버린 바다를 본다. 돌색이 짙어 갈수록 비가 물러가고 있다. 방울져 흐르는 빗물에 투영된 음영은 허상.

생각의 끈은 멈추지 않고 보고픈 원형의 굴레에 갇힌 작은 물방울을 무수히 만들어 간다. 어쩌면 그것은 물방울에 비친 자신의 내면을 드러내는 순간의 환영일 수도 있다.

떠다니는 무수한 물방울 사이에 갇힌 판의 미로에서 오필리아의 마음은 어떠할까.

투명하리만큼 맑은 허상이 갖는 자유로움은 물방울이 갖는 주체와 객체를 혼돈하듯 엇갈리는 허구인가.

그 속에 표류하는 현실의 벽은 아득하기만 하다.

한쪽 벽면을 채운 그림 속에서 물방울이 외친다. 하나씩 튀어나올 때마다 생각의 주머니가 만들어지는가

싶더니 공간 이동을 한다. 또다시 튀어나오는 물방울들이 유희하듯 허공에 너울대며 바다로 향한다.

  눈을 감고 가슴에 손을 포개 편안히 누워 있는 오필리아가 뇌파로 전해 온다.

  매번 마지막 코스로 다시 방문하게 되는 우유부단의 가로등에 기대어 비 그친 하늘을 바라다본다.
  미술관 하루 외출로 아주 늦은 안단테 귀갓길이다.

*

  "오필리아는 물가로 다가간다.
  그녀는 반듯이 누워 죽음을 맞이한다."

  바다색과 검은 돌색을 이면으로 보았습니다. 안정적인 삼각형이 아닌 영원한 상상으로 떠다닐 수 있는 불안정한 원형에서 안정적인 삶의 환영을 만들었다 다시 무너지는 난관을 겪었을 것이고 겪을 것이라는 세월에서 느리거나 때때로 빠름이 쉬어 가는 과정을 줍니다.

제게는 그곳이 바다입니다.
돌색를 닮아 가는 바다는 푸르기만 한 욕심 같은 갈망을 잠시 내려놓으라는 휴식이며 가르침입니다.

해오라비 사랑

 그녀가 걸음을 옮길 때마다 거리를 두고 조심스레 뒤따라가며 들키지 않으려 숨도 죽여 봅니다. 자그마한 키에 옹골지게 앞만 보며 걷고 절대 한눈파는 경우가 없더군요. 친구들과 재잘거리며 걸을 때도 그렇고, 문구점에 들르거나 서점에 가게 되는 경우도 그녀는 목적한 곳에만 시선을 둡니다.

 하굣길에 볼 수 있는 그녀의 모습은 항상 특별했습니다. 나의 상상 속에서 사랑스럽게 존재하며 별이 뜨는 밤이면 잠 못 이뤄 새벽에까지 뒤척이곤 합니다.

 혼자만이 갖는 낯선 마음으로 불면이라는 유혹의 늪에 빠져들고 그 누군가에게 순수하게 사랑을 느끼게 되었죠.

 광풍 같은 곡소리가 귓전에 맴돈다.
 갑작스레 마주친 처음 온 슬픔은 하늘인지 땅인지 구별도 못 하고, 아침도 모르고 저녁도 기억 못 하는 날이다. 육신이 움직이는지, 상복이 허우적거리는지 인지하지 못할 정도로 눈물이 온몸을 덮는다. 내 나이

예순 살에 7년을 의지하시던 휠체어를 덩그러니 남기시고 어머니가 세상을 등지셨다.

   내겐 받아들이기 어려운 죽음의 공포이자 치유되지 않는 슬픔이다.

   백합 같으시던 친구의 어머님께서 돌아가셨습니다.

   내게 끔찍하도록 가까운 술잔의 친구는 개구쟁이 막내이면서도 의연히 부모님을 모시고 있습니다.

   구순의 아버님을 부축하고 팔순의 어머님께 꽃단장해 드리는 친구를 보며 난 술잔만 기울이고 있습니다.

   소식을 듣고 달려온 작은 누님이 그 가녀린 난초 같은 모습으로 울다가 지쳐 쓰러지기를 반복합니다. 애처로워 내 가슴도 웁니다.

   내 어머니와 같은 친우의 어머님을 보내는 슬픔이 담긴 술잔에 누님의 오열로 목젖이 따갑습니다. 새하얀 난초 같던 누님의 작은 몸이 어머님을 따라 하늘로 날아갈까 봐 두려운 걱정이 앞섭니다.

   끝내 떠나는 영구차를 볼 수가 없었다. 울다 지쳐 버

린 난 두런두런 말소리를 들었다. "누나는 발인식에 있으면 안 돼요. 또 오열하며 쓰러질 거예요. 매형이 잘 돌보고 계세요."

 들려오는 소리에 일어나려 해도 내 몸은 꼼짝을 못한다. '나도 죽는 건가?' 자문자답을 하며 눈물에 녹초가 되어 버린 몸을 움직이려 애써 본다. 눈이 떠지고 말할 기운이라도 나면 '엄마, 엄마'만 외쳐 본다.

 어머니의 새하얀 속옷이 종종 빨랫줄에 걸려 있던 것처럼 남편의 등에 업혀 결국 집으로 돌아온 나는 사십구재도 훨씬 지나 어머니의 온기를 찾아 헤매인다.

 두 살 터울인 친구의 누님들은 고우신 어머님을 닮아 해맑은 소녀였습니다.

 큰누님은 여섯 살 연상이고 작은누님은 두 살 연상입니다.

 난 작은누님을 좋아했고 몇몇 우리 친구들도 흠모하였지요. 물론 누님은 눈치도 못 챘고, 누님의 결혼 소식에 실망보다는 든든한 매형만큼 우리가 부족하다는 사실을 깨달았습니다. 누구 하나 누님께 말도 못 했으

니까요. 누님은 결혼 후에도 늘 소녀 같았고 동생 친구들에게 정성을 다해 친절하였지요.

어머님 가시는 길에 술잔을 빌어 누님과 매형께 전했습니다. "우리 곱던 누님 너무 슬퍼하지 말고 지금처럼 매형과 부럽게 사세요."

중학교를 졸업하고 고등학생이 되어서도 남몰래 잠 못 이루는 설레임을 안겨 주던 그때가 아마도 제겐 첫사랑이자 짝사랑이었나 봅니다. 누님의 곡소리에 청춘의 맑은 마음을 전할 수 있으니 이마저도 어머님께서 주신 사랑입니다.

하얀 난초꽃 팔랑 소리도 없이 하늘 가까이 다가가고 있습니다.

삶과 죽음은 일생에 한 번씩만 오는 소중한 만남입니다.

또한 한 번만 느낄 수 있는 감정이기도 합니다. 리허설도 본 공연도 없는 무대이지요. 다만 우리는 제자리에서 성실한 감정을 존중하며 지낸다면 지나간 아름다운 시절도, 모르게 다가오는 만남도 언제나 소중한 순간입니다.

4부

석양의 머리칼

가을 그쯤이면

눈발 날리는 짧은 낮과 긴 밤
잰걸음 옮기며 또 한 번 웅크리고
잘록한 허리를 떠나지 못하네

이웃들 모두 떠난 늦가을
행여 찬 서리에 물 얼을까
온종일 둥지를 지키는 나와
세상 모른 채 숨 쉬고 있는 품 안의 너

외로이 싸늘한 바람 온몸으로 견디어
남쪽으로 건너간 소식들
다음 해 얼음새꽃 피어날 때나 들를까

겨울 강 삭풍에 살얼음 되어
갈대도 울다 지치면
토실거리는 보리 새싹도 만나고

창공 가르는 분신은
지난해 태동한 무리보다
찬 서리 빛 한 겹 더 입은 선두로
그쯤이면 남녘을 향하리라

겨울의 핵

갈잎도 떨어져 어디론가 가 버리고
고목에 매달린 나뭇잎마저
바삭하게 말라 가는 초겨울
겨울의 핵으로 가까이 가고 있다

퍼득대는 저 날개는
원초적 사랑의 존엄함일까
퍼득대는 저 날갯짓은
자아 성찰을 위한 반성일까
옥상에서 날고 싶은 저 날갯짓은
부조리한 사회에 대한 외침일까
죽음으로 추락하는 날갯짓은
무능력한 인간의 최후 반항이었을까

소설을 쓴 작가나
소설 속의 주인공이거나
소설을 들여다보며 헤쳐 보는 관객이거나
우린 성찰의 시간이 필요하기에
날갯짓에 아파한다
옥상에 오른 이상을 기억하는 한 그림자도 아파한다

날지 못하는 날개
그래도 날아 보고자 하는 날개를 달아 보자
갈잎이 또 떨어지고 있다
겨울의 핵에 조금 더 가까이 가고 있다

* 〈이상의 날개〉 연극 관람 후

계관초

설레임 속에 숨어 오시더니
수줍게 밀어 올리며
세상을 환한 꽃 천지로 만드시고
놀라운 향기 피워 올려
두근거리는 심장을 만들었소

황금 물빛 거두어 가고
바람 소리 거세지니
바삭대는 소리에
그대 떠날 차비인 줄 아오

동토의 땅으로 미처 가지 못한
외기러기 펄럭대는 날갯짓에
슬픈 그림자로 남게 된 당신

또다시 피워 올릴 설레임으로
솟아오르는 태양에 수줍게 달려 있다오
두근대며 새해의 희망을
속삭이고 있다오

눈치 빠른 수탉의 멜로디 소리
벌써부터 그대 오고 있다고
사랑의 음률 띄우고 있다고

다이내믹 인생

목 졸려 죽어 가는 이여
찌르레기 울다 지쳐 기대어 잠들고
포진하는 개미 보병대와
베짱이 풀피리 나불대며 온 하루를 버려도
개망초 몇 뿌리 옮겨 와 담장 치고
세상의 빛을 지배하는 이여
노을 속에 잠기는 전선이여

다이내믹 인생 붉은 노을에 물들고
0과 1의 진법은 햇귀로 노랗게 오른다

새악시 미소

꽃 수술 꼬오옥 매단
울타리 속 간절한 기다림은
태양의 부름만을 기다렸습니다
주저주저 고개 숙인 모습이
수줍은 새악시인 줄 알았습니다

노을 우거지고 연초록 잎 타오르면
울타리를 건너는 이방인들의 소리에
태양이 부르는 줄 고개 든 가느다란 눈은
새악시 눈썹 돌려놓은 미소일까요

함부로 살지 않으려
속을 꾹꾹 채우느라 사계절을 보내고
수박씨보다 검은 새까만 씨를
빈틈없이 얼굴에 심고야 말았지요

태풍에 짓밟히고
폭염에 여러 날 포기한 채
장마에 쓰러져 가는 저들에게
삶의 각오를 아느냐고
태양을 쫓는 황금꽃이 물어봅니다

오롯이 태양만을 바라보는 해바라기는
올해도 지난해도 흔들림이 없습니다
노오란 태양꽃의 지독한 각오가
줄기보다 몇 배 무거운 얼굴을 들고도
위풍당당합니다

여전히 엄살 부리는 삼복더위도
황금밭에선 잠시 쉬어 가도 된답니다
해바라기씨 꾹 눌러 담아 바람과 쓸쓸함과
화려한 이야기 나눌 수 있는 시간입니다
가을이 가까이 오고 있습니다

석양의 머리칼

기포를 일으키며 긴 통로에 낙하한 새싹은 벽면에 부딪히길 수십 번이다
급기야 목표물에 도착하기도 전 잎도 꽃도 못 피우고 분쇄되어 버리고 만다
그야말로 낡아 해진 통로다

떨어지지 않으려 엉겨 붙은 금이 간 조각들이 중앙을 부여잡고
존재를 재건하기 위해 온갖 영양분을 처음 맞은 성벽이 금이 가고 허물어져 간다
무너지지 않으려 이를 악물수록 조각조각 더욱 금이 가고 하나둘씩 지붕 위로 오른다

정상이 어딘지 모를 두 산맥 사이사이 굴곡이 깊다
매끈거리던 평평함이 바람이 불어오고 눈비를 맞다 보니 골도 깊어지고, 세월 따라 걸어온 자국에 자락 길 생기고 샛길도 보이며 험준한 길이 사방으로 퍼져 있다
주름진 열 가닥의 두 산맥이다

유영하는 나뭇잎과 수영 실력을 겨루어 보기로 한다
자유자재로 수영하는 나뭇잎의 매끄러운 움직임에 반해 좌우 움직이다 보니 뻐근거려 따라잡을 수 없을 거리가 되어 버린다
급기야 나뭇잎은 저 멀리 가 버리고 삐걱대는 지지대를 부여잡아 겨우 뭍으로 나온다

짧은 헤어짐이 잦아 이번엔 오래도록 만나지 않으려 한다
손바닥 길이만큼씩 멀어지기 시작할 때의 허전함이 샛바람을 일으킨다
판포포구 앞바다에서 불던 그 샛바람이 순삭 불어온다

싸늘히 떨어지는 거믄 것을 보고 온 지 일주일이나 지났을까
어느새 또 자란다
산맥이 되어 버린 손바닥 속으로 쥐어 잡히는 거믄 것이 신통방통하다
다른 것들은 죄다 낡아지고 쓸모없어져 회복 불능이 되어 가고 있는데, 거믄 것만은 자랑이라도 하듯 틈틈이 흰색을 휘날리며 자른 만큼 또 자란다

때때로 은빛을 발산하며 바다에 떠다니는 수정을 떠올리게 하니 어찌 자랑스럽지 않을 수 있을까
황혼이여
머리카락 대견하이!

신사임이 고하노니

나는 여류 화가가 아닙니다
그냥 화가이지요
나는 여류 시인이 아닙니다
나의 시를 쓰는 시인일 뿐

현모양처 그 틀에 살지 않고
천하를 주유하는 호연지기를
나의 사랑하는 사람들에게 일러 주고 싶었습니다
하여 스스로 사임의 호를 사용하노니
내 이름은 신사임당이옵니다

여인이라는 굴레와
박명이라는 천륜을 뛰어넘지 못하고
나 신사임당 역사 속으로 사라졌으나
남겨진 아이들의 어머니이기 이전에
한 남자의 지어미이기 이전에
자유 의지를 가진 자유인입니다

그대들이여
유랑하는 인생이여
모란꽃 반기고 명자꽃 살랑대는 날이 오고
벚꽃 날리우고 흰 송이 찬 서리에 불어 대는 나날
오죽헌의 검은 대나무는 영원토록
나의 결기를 잊지 않고 기억할 것입니다

* 강릉 오죽헌/신사임당

원초의 빛

감언에 빛 잃은 줄 모르고
독설에 숨은 갈퀴를 보았네
용맹한 야수의 돌기는
이빨 빠진 허깨비로세
비겁한 친절함 속에
재빨리 숨지 못한 폭언
검은 세상 긴 잠에 빠지고
녹림에서 깨어나는 빛이여

유년을 잊은 그대

별빛을 가리운 광란의 네온과
달빛을 사로잡은 헤드라이트는
도심의 불야성을 이룬다오

바람과 공기와 하늘과 바다의 꽃들을
눈동자에 담고 유창하게 풀어내도
진노랗게 단단해져 오는 초록의 열매
진정한 자연의 성장을 어찌 알았겠오

흐르는 초록 피 시간을 기뻐하며
늙수레 주름진 얼굴의 일생을 어찌 알았겠오
어여쁜 노란 꽃에 희망의 별은 빛나고
꿈꾸는 달의 인생에 푸릇한 이파리
너울대고 있음을 어찌 알았겠오

뒷마당 장독대 묵은 된장 풀고
땀 배인 낱알 모아 기름진 밥알에 오른
호박꽃의 고마움
넝쿨 끝에 선 그대는 이제야 알리요

폐부에 스며드는 메케함을 모른 채
해거름 전깃줄에 걸린 노을 속

도심에 있었다오

인생

돌아올 수 없는 길에 홀로 서 있다
아찔한 현기증 속에
멀어지는 몽롱한 의식
삶의 벼랑 끝에
회귀할 수 없는 본능으로
몸부림치는 가엾은 한 인간

들숨과 날숨 사이에 불던 삶의 경계에
휘몰던 바람이 멎었다
너 나 우리들의 힘찬 숨소리
느낌표 하나로 왔다가
마침표 하나에 인생을 부탁해

종달리 오리들

빛을 몰고 온 종달리 구름
푸른 바다를 달구고 있다

한가로이 노니는 새벽 산책로
성산의 채광이 귤빛 사선에 올라
연인의 맞잡은 손을 시샘하는지
갈매기 날갯짓 휘며 어깨 위로 오고
오리 가족들 정화수 부리에 담는다

잔파도 다가오는 느림의 미학
수평선 끌며 가는 아스라한 하얀 조각배와
따개비 따러 가는 해녀
만선의 환희를 부르던 선주를 떠올리며
창가에 앉아 채색해 본다

종달리 구름 실어 가는 조각배의 꼬리
빛 따라 여행자는 사라지고
돌바닥의 오리들 아무 일 없는 듯
내일의 황금 옷 변함없이 기우려 간다

* 종달리: 제주특별자치도 제주시 구좌읍 종달리

태평천하

밤새 울부짖는 소리에
머리 위 얼룩진 파편의 시커먼 잔해
와르르 무너져 내릴까
눈썹 까닥도 하지 못한 채
조심스레 굴리는 눈동자
그래 봤자 화산섬이나
화산암 무지렁이일 텐데
판막 열고 닫고 열고 닫고 허리 쭉 펴 보세

파편이 머리를 때리고
얼굴 면면에 알알이 박히면
동면에서 벗어난 새초롬한 것들
소리 없이 키 재기 하고
넘실대는 곡소리 바다로 가겠지
어제 내린 개똥장마
오늘은 소슬대며 내리는 구슬비

홍시

갈비뼈에 숨어 꿈틀대는 적색의 저것은
도무지 멈출 줄 모른다
어둠이 내리면 부스스대던 나뭇잎도
잠이 드는지 보이지 않고
본 적 없는 심해어의 내장도 궁금하다
갈잎 바스락 재 되어
그것이 멈추어야만 눈에 들어오려나
기나긴 번민의 터널 온전히 빠져나와
막다른 장미목 앞에 서면
이마에 흐르는 줄기는 손끝으로
마지막 인사를 할까

궁금해
도회의 빛일까
볏짚 묶어 논 앞마당의 홍시일까

정지선의 문은 갈비뼈

황홀히 피어오르는 꿈
- 브리기테에게

춘설의 잔영에 여린 하얀 꽃
아가의 옹알이와 저리 닮았을까

연분홍 손가락 잼잼 하고
진분홍 발가락 꼬물꼬물

올망졸망 연둣빛 까치발 들어
하얀 꽃과 키 재기 하네

뒤뚱뒤뚱
앞서거니 뒤서거니

눈 깜빡할 사이 춘설은 녹아
산야에 잰걸음 어여삐 남기고
천상의 화단에 촘촘히 나풀거리네

하느작하느작
앞서거니 뒤서거니

서쪽으로 가는 고요

 서쪽으로 가는 노을을 바라보는 요즈음의 이른 저녁이 조용하다.

 초록색 들판과 빨간 지붕 그리고 회색빛 띤 연하늘이 화폭을 가득 채운 후 숨소리마저 휴식을 하는지 새초롬히 고요하다.

 봄이면, 기지개 펴는 소리에 풀잎들도 덩달아 쿵쾅거리는 요란한 마음 소리로 희망을 부르며 언 땅에서 솟는 설연화에 놀라고,

 가을이면 눈부신 햇살 아래 실바람, 남실바람, 산들바람, 건들바람, 솔바람 등등 온갖 이름들을 가진 바람 소리로 구름도 바삐 가고,

 빨강, 노랑 색색의 장갑 낀 아이들과 수정 같은 고드름이 매달리는 계절이면 손 비비는 소리와 형광등 스위치 켜는 소리, 저녁 찬 놓는 소리도 이르게 들려온다.

 황금빛 열망을 담은 낮 여름에 온 정성으로 무등 태운 태양을 숭배하며 시간을 나누는 사람들에게 드리우

는 저녁노을!

차창 밖 풍경은 나지막한 구릉도 있고 아직은 어린 편편한 벼들이 수평을 이루고 멀리 있는 산은 구름을 두르고 마을을 감싸 안아 포근하다. 초록 사이에 황톳길은 여인의 허리를 감아올린 듯 반갑고 부드러운 사잇길이어서 당장이라도 달려가고 싶은 마음이 인다.

정겨운 마을 길 따라가다 보면 어느 집 아이 울음소리라도 들릴까?

도무지 고요한 마을 사람들은 초록에 덮여 마냥 대추 열리기만을 기다리는 걸까?

사람 모습은 오간 데 없고 마음을 빼앗은 풍경만 사방으로 고요하다.

모래 위 빗금 치며 사방치기를 하고 돌을 세워 비사치기도 하고 가지런한 작은 돌 모아 손바닥을 뒤집어가며 공기놀이하다 보면 '누구야, 누구야.' 부르는 소리에 몸은 어느새 집으로 뛰어가곤 하던 한참 전의 세월들이 저 들녘에 숨어 땅을 다지고 우리의 성장을 부추기고 있었는지도 모르겠다.

시간을 묻어 두고, 시간을 꺼내 자라며, 시간을 나누어 쓰는 세월에 퇴근 시간이면 만나는 초록과 구름 낀 하늘 그리고 빨간 지붕에 내리는 노을의 고요가 참으로 평온하다.

저 아름다운 땅을 눈으로 바라보며 나의 총총거리던 어린 시절과 고목의 숲으로 가까이 다가가는 나이에 걷고 있는 길은 어디쯤일까.

일주일이면 5일을 포장된 도로로 오가며 자연의 푸르름 속에서 추억을 담을 수 있다는 것은 놀라운 생명체의 위대함이다.

소소히 꽃잎을 피워 살아가며 노을을 담아 보고 앞날을 이끌어 주듯 노인이 되어 가는 낯빛에 꽃을 피워 주는 양분들. 붉은 땅과 파릇파릇하게 황금빛으로 탄성을 안겨 줄 성장의 벼들과 춤추는 그늘을 주는 구름들. 손아귀에 꼬옥 쥐어 바다에 뿌리고 싶은 하늘의 양분으로 오늘도 우리는 도심의 매연을 잊을 수 있어 행복하다.

이마의 주름이 기어가는 세월에 참어른이 되어 가는

길이 저 들녘의 길처럼 포근하고 사랑스러우며 든든해지길 바라며, 스치는 바람을 밀며 귀갓길에 오른다.

  하루하루의 일상에서 엮인 서쪽으로 가는 고요의 산실 앞에 늘어선 모든 빛깔의 풍광은 삶의 통로에서 빚어낸 다채로운 행복 열매의 어우러짐이 아닐까.

  꿈빛 희망을 꿈꾸는 많은 이들은 작열하는 태양 아래 달구어진 심장빛 하늘과 저물어 가는 일몰 뒤에 오는 별빛의 감미로운 향연에 또다시 흥분하며 새로운 인생 여정에 아낌없이 삶의 짐을 풀 것이다.

2023년 어느 날 여름

옥상으로 올라간 일요일 오후

오늘은 없는 이 날개 머릿속에서는 희망과 야심의 말소된 페이지가 딕셔너리 넘어가듯 번뜩였다. 나는 걷던 걸음을 멈추고 그리고 일어나 한 번 이렇게 외쳐 보고 싶었다.
날개야 다시 돋아라. - 이상의 〈날개〉 부분

알싸한 기온이다.

양 볼에 다가오는 공기의 온도가 새콤하다고 해야 할까, 온몸에 신선함이 몰려와 겨울의 핵으로 가까이 가고 있다.

목도리를 두르고 대학로 공연장 후암스테이지로 향하는 발길이 사뭇 가볍다.

날은 추워도 연극 〈이상의 날개〉에 대한 기대에서 오는 두근거림과 반짝거리며 빛 드는 오후의 시간이 바람을 잠재우는 듯 초겨울 하늘 아래 빛의 물결을 그리고 있는 탓인가 보다.

갈잎은 매일 떨어져 어디론가 가 버리고, 바삭한 나뭇잎이 떨어질 듯 매달린 가로수가 서 있는 대학로에 가까이 다가갈수록 점점 발길이 무거워지는 것은 요절한 젊은 시인의 옥상을 들여다보기 시작할 무렵인 것 같다.

 날자, 날자~ 외치는 메아리가 도심 속 먼지 위에서 허물어져 가듯 나는 표정 잃은 사람들과 핸드폰 자판에 손가락을 올려놓은 채 스쳐 지나가는 사람들의 움직임을 보며 그의 절규를 떠올려 보았다.

 이상은 21세 때 폐결핵을 앓아 황해도에 있는 온천으로 요양차 갔다가 기생 금홍을 만나 사랑을 하게 되었다. 그 후 집으로 돌아와서는 그녀를 잊지 못해 금홍을 불러들였고, 그녀의 경제로 생활하게 된다. 금홍과의 동거 생활에서 그가 방관하며 골방에 틀어박혀야 했던 김해경(이상의 본명)이라는 사람을 배경으로 한 연극 포스터가 인상적이다.

 마침내 공연장에 도착했다.
 노란 페인트칠을 한 벽면을 통한 계단으로 내려가면 지하 2층에 소극장이 있다. 후암스테이지는 여느 소극장처럼 자그마하고 또한 불편한 의자가 놓여 있다.

극 속의 배우와 최대한 가깝게 호흡하고자 난 되도록 앞좌석을 선호했다.

둘째 줄 중앙에 앉아 세팅된 무대를 보며 공간의 스토리를 추측해 본다.

제시간이 되자 잡음이 나는 곡이 틀어졌다. 미동도 안 하던 주인공이 구멍 난 양말 위의 종아리를 주욱 펴며 온몸을 움직이기 시작했다.

이상과 현실의 경계를 표현한 듯한 골방의 문을 들락거리며 표정 없는 얼굴에 감정 표현이 묻어나는 여배우에게 묘하게 끌려다니게 되었다.

다양한 뭇 남자들과의 현란한 사건들을 찻상과 술상, 그리고 뒷모습과 이불 속 정사로 인간의 기초적인 신음 소리 사이에서 그녀가 웃음을 토해 내고 고통을 삼키는 장면들로 표출하는 전개가 무척 인상적이었다.

문밖의 기척 소리가 되풀이되고, 정사를 외면하고 계단 위에 있는 쪽문을 열고 닫으며 시공간의 흐름이 대사 없이 계속된다. 아내 금홍의 돈벌이에 이상의 괴로운 방관은 거리 전봇대 아래를 헤매며 그 쓸쓸함이 더하다. 계속되는 생활에서 이상은 결국 '약'이라는 매개체에 의존하며 비겁한 탈출구를 찾는다.

자신이 사랑하는 여인을 온전히 취할 수 없는 무능함과 펼치지 못하는 자신의 꿈에 대한 나태한 저항이 옥상으로 이끈다.

마침내 치료 약이 아닌 수면제의 존재를 알게 되는 이상의 절규는 날개가 돋아나기 위한 성찰의 아픔에서 극적인, 그러면서도 초인간적인 괴성으로 막을 내린다.

커튼콜 음악이 암연 속에 흐르고 객석의 관객들이 무겁게 자리에서 일어나 다시 먼지를 날린다.

퍼득대는 저 날개는 원초적 사랑의 존엄함일까.
퍼득대는 저 날갯짓은 자아 성찰을 위한 반성일까.
옥상에서 날고 싶은 저 날갯짓은 부조리한 사회에 대한 외침일까.
죽음으로 추락하는 날갯짓은 무능력한 자신의 최후였을까?

소설을 쓴 작가나,

소설 속의 주인공이거나,
　　소설을 들여다보며 헤쳐 보는 관객이거나,
　　우린 성찰의 시간이 필요하기에 날갯짓에 아파한다.
　　옥상에 오른 이상 역할을 한 배우 옆의 한 그림자도
아파한다.
　　날지 못하는 날개
　　그래도 날아 보고자 하는 날개를 달아 본다.

　　갈잎이 또 떨어지고 있다.
　　겨울의 핵이 조금 더 가까워진다.

2023년 11월 26일 어느 날 하루가 지는 시간에

약속

보도블록 라인이 확연히 보이는 시간일 때쯤엔 습관처럼 캡슐커피를 고른다.

파란색? 진회색?

해바라기색을 선택해 캡슐커피머신에 넣어 본다.

오늘은 친구를 기다리며 한반도 남단의 바다를 상상해 본다.

계획대로라면 친구는 지난밤 나의 이불에서 잠들어야 했고, 주방 쪽 창문을 통해 반사되는 해님을 보며 세수하고 주차장으로 향해야 했다.

찻잔을 들며 거실로 나온 나는 애꿎은 티브이 채널만 누른다. KBO, MBO, JTBO, SBO 어느 방송이든 비상이다. 6호 태풍 '카눈'의 어마어마한 우려 속 뉴스는 삼 일째 귀를 아프게 했고 외출을 최대한 자제할 것을 당부하는 중이다.

아파트 출입문에 등록된 차량이 왔음을 알려 준다.

이미 현관 앞에 둔 여행 가방이 기다림에 있어 적지

않은 시간을 말해 주었기에 마음은 서두르고 싶었으나 친구는 오죽했겠나 싶어 담담하게 집을 나섰다.

　떠나는 당일 오전에도 빗줄기는 심상치 않았으며 북상하는 태풍과는 반대로 남쪽으로 향하는 내내 슬픈 기대를 해 본다.
　슬픈 기대.
　정박한 배들의 위태함.
　해수욕장의 출입 통제.
　재난을 이미 겪은 홍수 지방의 마을 주민들.
　일부 학교의 휴교 조치 등….
　그러함에도 방송만큼 요란치 않게 지나가길 기대해 보았다.

　예상대로 두 시간쯤 지났을 때 '땅엔 평화'라 외친 옆지기의 표현처럼 일생에 그날만 볼 수 있는 하늘을 보았고, 백미러에 반사되는 강력한 빛의 행진을 만난 날이 되었다.
　바다의 말을 이해하기도 전에 재빠른 속도로 쏟아

내며 바다는 말을 하고 있어 나의 고막은 황홀한 언어에 정신을 잃을 정도다.

 먼 바다가 숭배하는 총천연색 하늘 아래 모래와 만나는 포말을 입술에 대어 보며 바닷속으로 뛰어드는 사람들, 아니 감탄하는 사람들의 외침 소리!

 네 시간여를 달려온 피로가 오간 데 없이 우린 발걸음이 더디어도 푹푹 빠져 가면서 마음만은 서둘렀다. 모래사장을 가로질러 하얀 꽃잎 끝에 맞닿으러 갔다.

입술의 눈물인 양 짠맛이 피부에 달라붙는다.

멀리 보이는 배들은 출렁대는 물살에 매달려 있고, 송도해수욕장은 저녁노을을 기다리며 삶의 환희를 찾으려는 사람들뿐 어디에도 경계선은 보이지 않는다.

여름의 한복판에서 타는 듯한 열병에 에어컨 실외기는 멈출 줄 몰랐고 쏟아져 붓는 장마에 이마의 주름처럼 구겨진 천 조각들의 습습함, 전주가 무너지는 강 속 바람의 파노라마가 저 바닷속에서 튀어 오르고 잠기기를 반복한다.

다행히 뉴스에선 태풍이 북상하여 한반도를 벗어났다고 한다.

이름 모를 몇몇의 무리는 서핑을 즐기는 동호인들인지, 석양에 물 들어올 바다를 기다리며 만면에 웃음 가득하다.

자신만의 삶을 향해 숨을 쉬듯 먼 바닷속은 오늘도 해초에 감기어 숨을 쉬고 있을 것이라고 결정된 추측은 오롯이 나의 생각이다.

사람들 삶의 이야기들은 가치와 우선순위도 다르고,

본인이 어떻게 결정하느냐에 따라 소중하게 때론 쓸모없는 물건처럼 생각에서 밀려나기도 한다.

그리고 보면 우린 어느새 타인 엿보기에서 자신에 대한 정보를 알아내고 있지는 않았는지 자문해 본다.

어릴 적 부모님께서는 인사성과 약속에 대한 중요성을 종종 피력하시곤 하였다.

공손한 마음을 담아 인사하기, 친구 간에도 진정한 웃음으로 정답게 안녕하기, 특히나 약속은 책임감 있는 자신의 거울을 들여다보는 일이라 말씀하시며 익숙하도록 곁에 담고 있어야 한다고, 그러다 보면 신뢰감이 쌓여 저절로 인정받게 된다고 하신 부모님의 말씀에 요즈음 신기할 정도로 상대방의 성격을 조금씩 알아 가게 된다.

이유와 변명에 있어 이유는 '어떠한 결론이나 결과에 이른 까닭이나 근거' 변명은 '어떤 잘못이나 실수에 대하여 구실을 대며 그 까닭을 말함'이라는 사전적 의미이다. (출처 '표준국어대사전')

친할수록 혹은 충분히 이해해 주리라 여기는 사람일

수록 내 마음의 거울인 약속을 지켜 나가야 하지 않을까 한다.

 소리 없는 어둠 뒤에 희망의 환호성을 부르짖듯 밤바다의 파도 소리가 우렁차다.

5부

갈비뼈에 부는 청초한 바람

갈비뼈에 부는 청초한 바람

불면이라는 유혹에 사로잡혀
오늘도 눈꺼풀은 안주를 못 해
멍하니 아래위만 껌뻑거리고
망설임은 별빛 너머 새벽으로 간다

타원형의 하얀색을 만지작거리며
거부하는 갈비뼈를 바라보는 눈동자
온종일 흑과 백 사이에서 갈등했던 사람들과
옳고 그름의 경계선을 넘나들던 시간이
바람에 날아가거나 내려앉는 하루

겨울 강에 불어 대는 싸늘한 바람이
창문 틈 사이로 스며들고
찬란하게 빛나던 태양과 불야성의 밤이
가느다란 빛으로 아슬하게 떨고 있다

찬 서리 맞으며 솟아오르는
설연화 잎에 떠는 박동 소리와
그 누구도 담그지 않은 계곡물이
늑골에 깊이 스며드는 새벽바람을 맞는다

알싸하게 신선한 바람이
햇귀를 부르는 이른 시간
하루를 태울 산란하는 노란빛에
하얀 알약이 타오른다

작가의 말
심장의 거리

멸균실의 당신이 왼쪽 쇄골을 더듬을 때
몇 시간 후 나의 정수리까지 더듬어 올라올까
심한 공포를 느꼈지
외쳐도 소리 나지 않는 소리를
힘겹게 내보내곤 정신을 잃었지
그날은 다행히 저항하지 못하는
나의 정수리까지 올라올 수 없었어
단지 나의 왼쪽 가슴만 도려 내갔지

몇 날이 가고 가을이 무르익을 때
당신들은 이번엔 오른쪽 쇄골을 더듬었지
또다시 찾아온 공포는
진저리 치리만큼 극심한 고통이었어
멸균실을 벗어난 초록색 천과
쉴 새 없이 움직이는 A, B, C, D, E … 손들
입을 틀어막아 숨소리도 내지 못하고
모든 근육의 힘을 잃어버렸지

모진 것이 세월이고
질긴 것이 생명 줄이라 했나
당신들의 메스와 가위는
가지런히 누웠지만
멸종 위기에 놓인 동물의 박제 다루듯
줄기차게 날 감시하였지
시간은 빠르게 강물 위에 쏟아지고
양수의 꼭지를 틀어쥔 채 고향의 바다로 가는 길에
이번에는 나의 눈 아래까지 쫓아와
두려움에 떨게 했어

암흑의 공포는
무서운 절망이었으며
출구 없는 어둠으로
내 팔과 다리는 사시나무가 되었지

인내의 백지가 휘날리고
온몸으로 쏟아 낸 고통의 필체는
두려움을 몰아내는 나의 춤사위
꿈틀거리는 당신들이 계속 쫓아와 감시하면
서둘러 나아가 전리품을 챙기는 전사가 되지
나의 행랑엔 바다로 먼저 간 그대들에게
전해 줄 이야기와 따뜻한 편지와 엽서들로
가득가득 채워지고 있다네
난 바다의 달을 보았어
난 바다의 달을 보았지

간절한 나의 소망은
바다로 가는 길에 멸균실 냄새 없는
숨 쉬는 사람 냄새와
그대들의 짠물 흐르는 길 위에서
이별하고 싶다네

그대와 나의 거리는 230g

경식의 書

그대 이제사 올까 내다본 창밖으로 보이는 나지막한 구릉의 야산이 평화로이 엎드려 쉬는 소의 잔등처럼 새봄의 숨을 쉬고 있습니다.

군데군데 남아 있던 잔설도 사라져 가고 새싹들의 향연이 펼쳐지고 집니다.

몇 년 전 미약했던 시작이었으나 벌써 4집의 시집으로 우뚝 선 당신의 의지에 먼저 사랑을 담아 박수를 보냅니다.

기쁠 때면 함께 환호성을 지르며 얼싸안고 슬픔이 올 때나 때론 삶에 지칠 때 언제나 한결같이 옆자리를 지켜 준 당신이 있어 나는 참 행복한 사람인 듯합니다.

살아온 날도 살아갈 날도 긴 시간으로 새겨진 우리!

더는 아프지 말고 지금처럼 함께 걸어갑시다.

사월이면 잊히지 않는 벚꽃 흩날리는 섬진강 변 길, 대숲 속삭이던 그 길을 다시 걸었으면 좋겠습니다.

또 오월이 오면 당신이 좋아하는 동백 숲이 벽을 이룬 선운사 뜨락에 앉아 태양을 바라보도록 합시다.

그러다 보면 붉게 피워 올린 백일홍도 보고, 참 좋은 날들이 우리 앞날에 있습니다.

다음 해에도 또 그다음 해에도요.

낭독하는 시인!

숨 쉬듯 당신의 시는 쉬임 없이 내게는 독자가 되고 비평가도 되는 희망을 주리라 믿습니다.

가까이 있어도 늘 그리운 당신.

그대는 내게 그런 사람입니다.

2024년 새봄에

2020년 7월, '한국현대시인협회' 소속 시인 '박은선'과 〈연애의 참견〉, 〈간택〉, 〈카이로스〉, 〈막돼먹은 영애씨〉 등 다양한 장르의 드라마 OST와 투앤비, 연규성, 김중연, 장민호, 한경일, 제이세라 등과 작업한 프로듀서이자 작곡가 '1L2L'의 첫 협업으로 시작된 프로젝트 앨범 '포트리룸(PTRM)'.

- Monologue(Intro)

- 빛을 불러(feat. Rezina)

- 안부(feat. 송송이)

- 이젠 놓으세요(feat. 박지용)

- 초록색(feat. 연규성)

- 왜 이제야 왔니(feat. 흐림)

- 홍매화(feat. 이거영)

- 뗏꾼의 노래(feat. 1L2L)